Impressum
Verlag: BABADADA GmbH, Nedderfeld 112 , 22529 Hamburg
Geschäftsführer / Verlagsleitung: Harald Hof
Druck: Books on Demand GmbH, In de Tarpen 42, 22848 Norderstedt

Imprint
Publisher: BABADADA GmbH, Nedderfeld 112 , 22529 Hamburg, Germany
Managing Director / Publishing direction: Harald Hof
Print: Books on Demand GmbH, In de Tarpen 42, 22848 Norderstedt

el colegio
baba

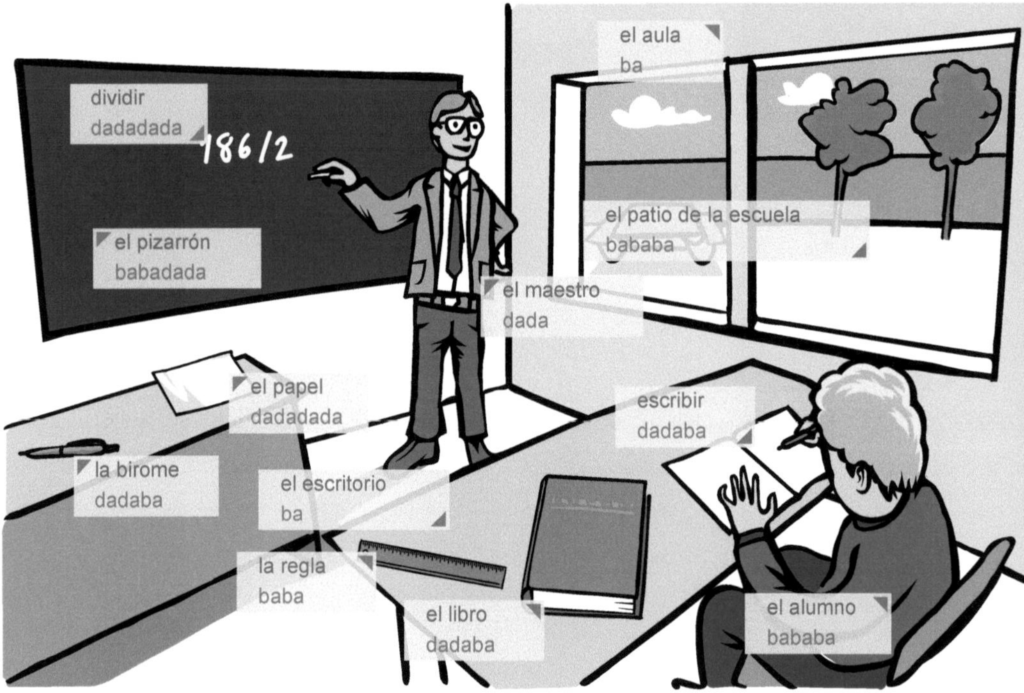

el aula
ba
dividir
dadadada
186/2
el pizarrón
babadada
el patio de la escuela
bababa
el maestro
dada
el papel
dadadada
escribir
dadaba
la birome
dadaba
el escritorio
ba
la regla
baba
el libro
dadaba
el alumno
bababa

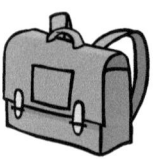

la mochila
dadaba

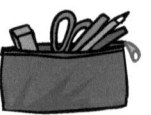

la caja de lápices
dada

el lápiz
bababa

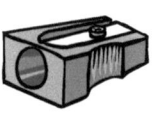

el sacapuntas
dadaba

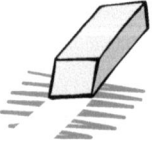

la goma (de borrar)
baba

el bloc de dibujo
ba

el dibujo

bababa

el pincel

ba

la caja de pinturas

dada

la tijera

babadada

el pegamento

dadaba

el cuaderno de ejercicios

dadadada

la tarea

babadada

el número

bababa

sumar

dadaba

restar

bababa

multiplicar

badada

calcular

dadababa

la letra

babababa

el abecedario

babababa

la palabra

dada

el texto
babadada

leer
dadadada

la tiza
dada

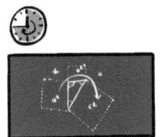

la lección
babababa

el cuaderno de clase
ba

el examen
baba

el certificado
babababa

el uniforme escolar
babadada

la educación
babababa

la enciclopedia
dadababa

la universidad
babababa

el microscopio
dadababa

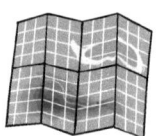

el mapa
bababa

el tacho (de basura)
babadada

el viaje
baba

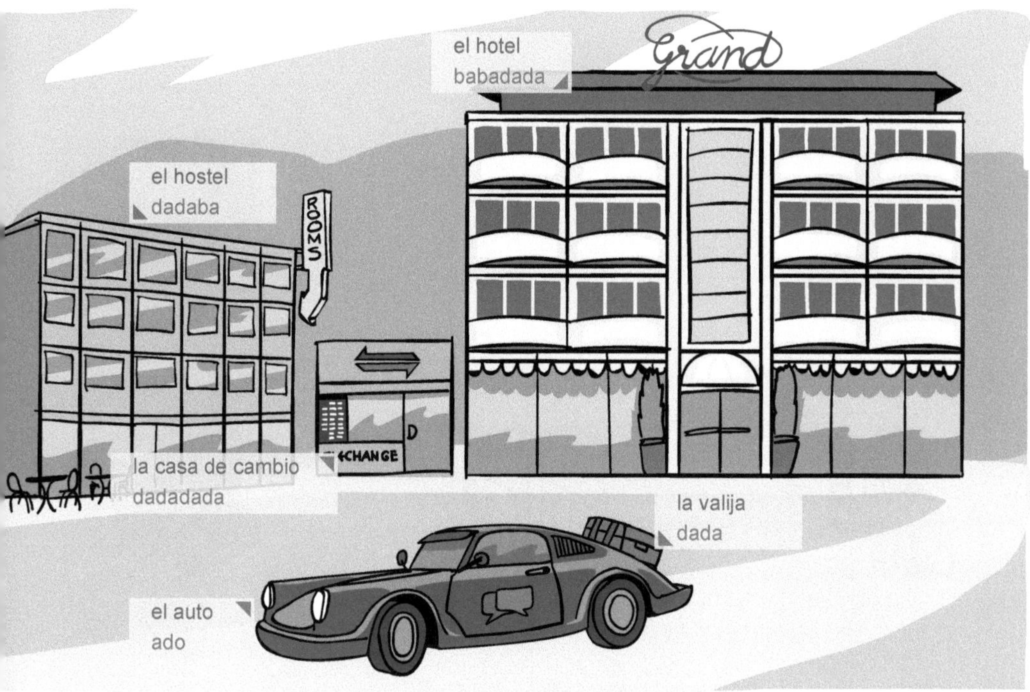
el hotel
babadada
Grand
el hostel
dadaba
ROOMS
la casa de cambio
dadadada
€CHANGE
la valija
dada
el auto
ado

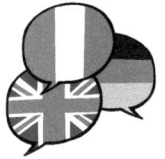

el idioma

dadadada

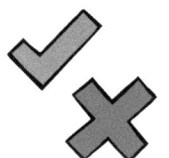

sí / no

da / meh

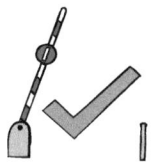

Está bien

Oh

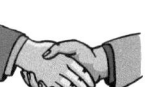

hola

ba

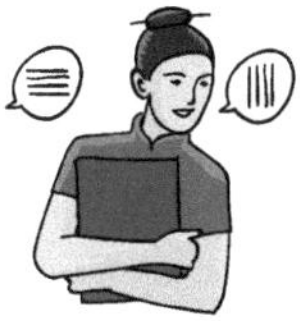

el traductor

dada

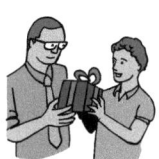

Gracias

dada

¿cuánto cuesta...?

babababa

No entiendo

ah

el problema

dadaba

¡Buenas tardes!

ba dada

¡Buenos días!

babadada

¡Buenas noches!

heia!

el adiós

dadaba

la dirección

badada

el equipaje

dada

el bolso

babababa

la mochila

babababa

el invitado

baba

la habitación

dadadada

la bolsa de dormir

dadadada

la carpa

dada

la información turística

dadadada

la playa

badada

la tarjeta de crédito

babadada

el desayuno

dadababa

el almuerzo

baba

la cena

bababa

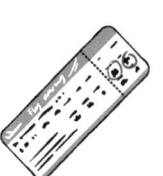

el pasaje

dada

el ascensor

dada

el sello

babadada

la frontera

badada

la aduana

dadaba

la embajada

babadada

la visa

dadaba

el pasaporte

dada da da da

el transporte
dadadada

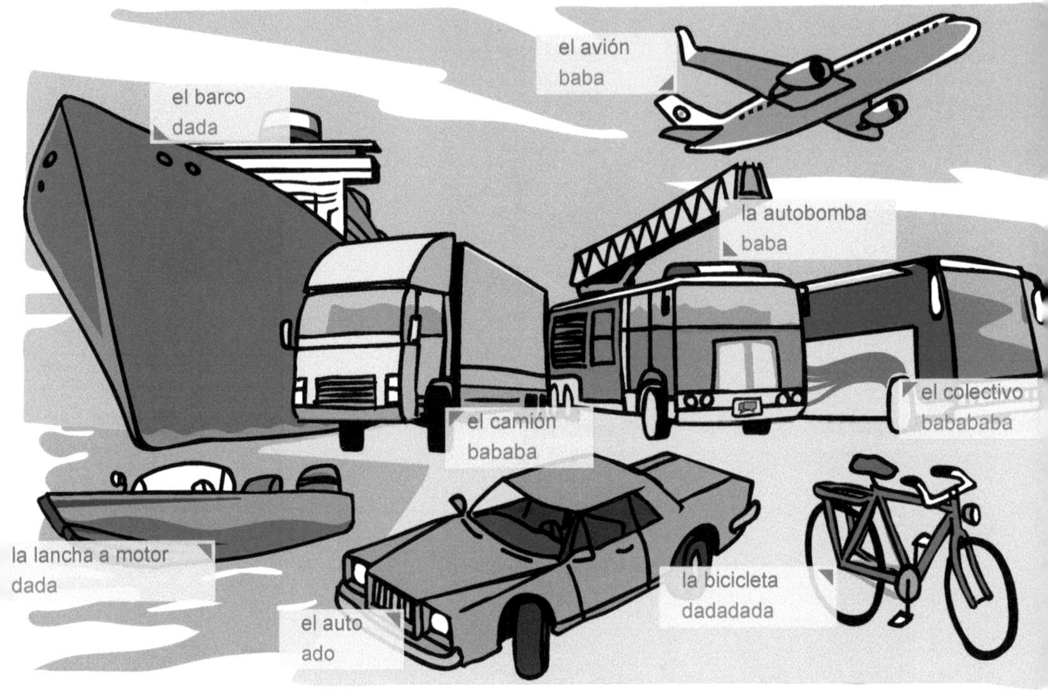

el avión
baba
el barco
dada
la autobomba
baba
el colectivo
babababa
el camión
bababa
la lancha a motor
dada
la bicicleta
dadadada
el auto
ado

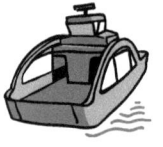

el ferry
babadada

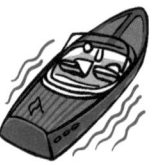

el bote
baba

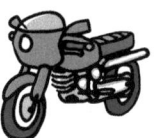

la moto
bababa

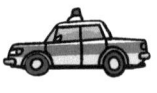

el patrullero
ado

el auto de carreras
ado

el auto de alquiler
auto

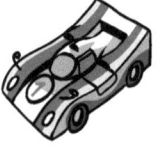

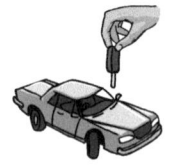

el alquiler de autos

dada

la grúa

ado

el camión de la basura

ado

el motor

brumbrum!

la nafta

bababa

la estación de servicio

dada

la señal de tránsito

dadaba

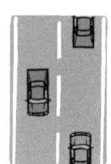

el tránsito

badada

el embotellamiento

ado ado

el estacionamiento

babadada

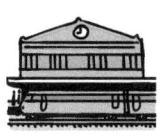

la estación de tren

babababa

las vías

dada

el tren

dadaba

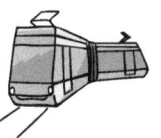

el tranvía

baba

el vagón

dadaba

el helicóptero

baba

el aeropuerto

baba

la torre

dadaba

el pasajero

baba

el contenedor

badada

la caja de cartón

dada

la carretilla

baba

la canasta

dadadada

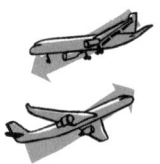

despegar / aterrizar

da / bada

la ciudad
dadaba

el pueblo

bababa

el centro de la ciudad

dadababa

la casa

dadaba

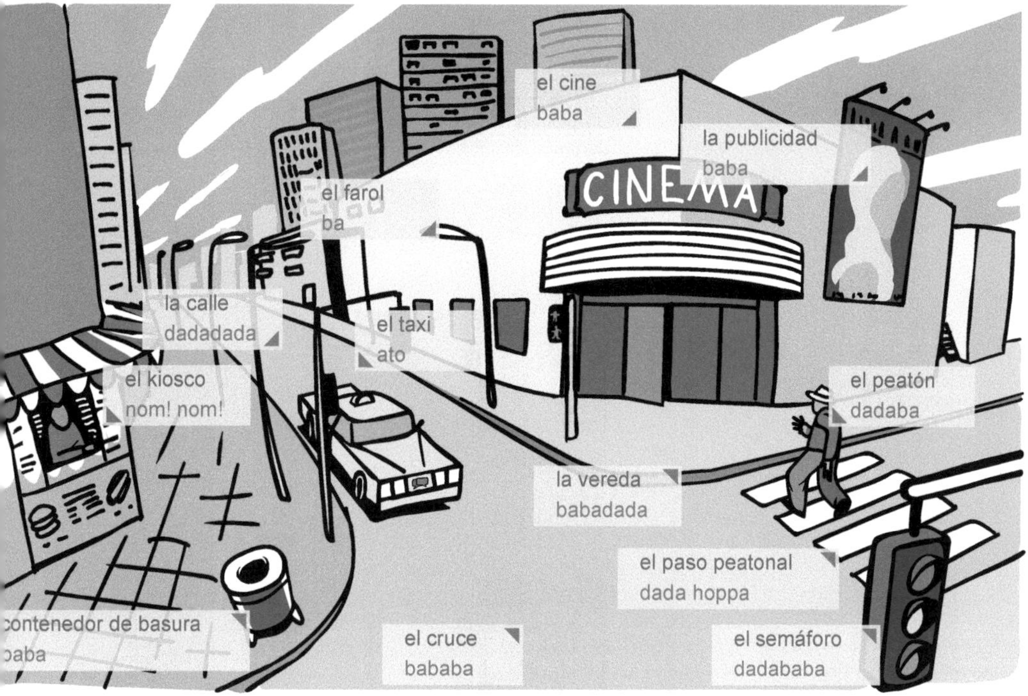

el cine
baba

la publicidad
baba

el farol
ba

la calle
dadadada

el taxi
ato

el kiosco
nom! nom!

el peatón
dadaba

la vereda
babadada

el paso peatonal
dada hoppa

contenedor de basura
baba

el cruce
bababa

el semáforo
dadababa

la cabaña
babadada

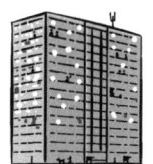

el departamento
dadadada

la estación de tren
babababa

la municipalidad
dadaba

el museo
bababa

el colegio
baba

la universidad

babababa

el banco

dadadada

el hospital

aua!

el hotel

babadada

la farmacia

aua!

la oficina

baba

la librería

bababa

el negocio

ba

la florería

dadaba

el supermercado

dada nom nom

el mercado

dadadada

las grandes tiendas

dadadada

la pescadería

nom! nom!

el centro comercial

baba

el puerto

ba

el parque

dadadada

el banco

baba

el puente

babababa

las escaleras

dadadada

el subte

bababa

el túnel

baba

la parada del colectivo

ba

el bar

babababa

el restaurante

nom nom!

el buzón

dadaba

el letrero

dada

el parquímetro

baba

el zoológico

bababa

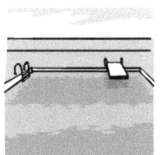

la pileta

dada

la mezquita

baba

la granja
....
dadaba

la contaminación
....
dadababa

el cementerio
....
bababa

la iglesia
....
ba

los juegos infantiles
....
dadababa

el templo
....
bababa

el paisaje
dada

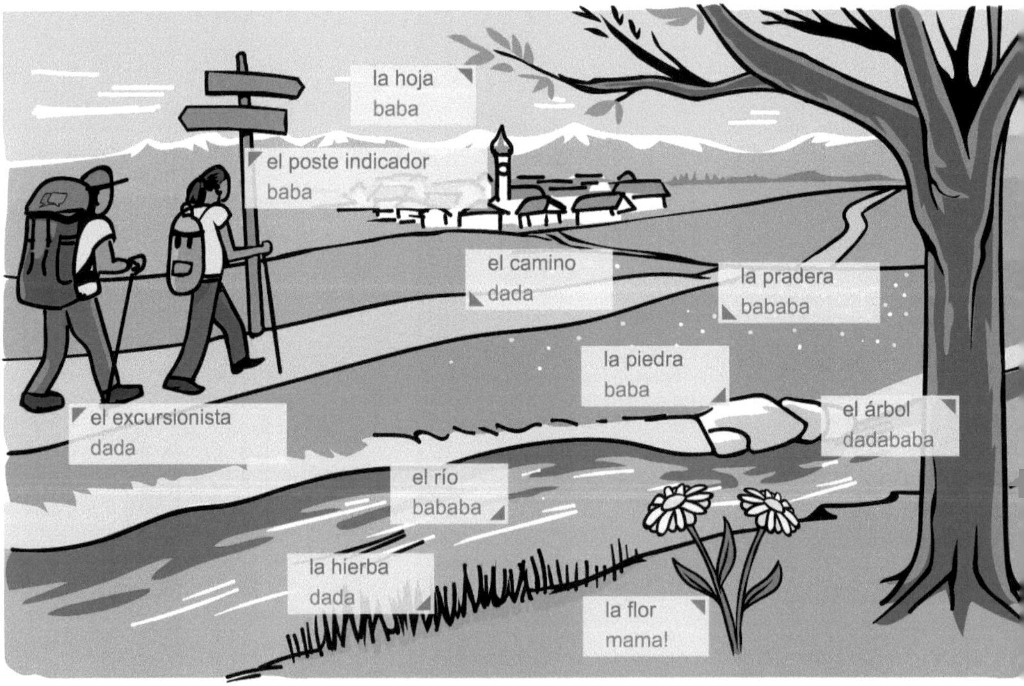

la hoja
baba

el poste indicador
baba

el camino
dada

la pradera
bababa

la piedra
baba

el árbol
dadababa

el excursionista
dada

el río
bababa

la hierba
dada

la flor
mama!

el valle
badada

la montaña
bababa

el lago
dadadada

el bosque
dadadada

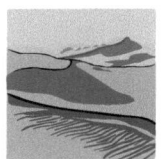

el desierto
dadababa

el volcán
dadaba

el castillo
babababa

el arco iris
dadaba

el champiñón
bababa

la palmera
dadababa

el mosquito
aua!

la mosca
badada

la hormiga
dadababa

la abeja
summ summ

la araña
dada

el escarabajo

dadaba

la rana

quak

la ardilla

dadababa

el erizo

dadaba

la liebre

baba

la lechuza

gackgack

el pájaro

gackgack

el cisne

gackgack

el jabalí

babadada

el ciervo

dadadada

el alce

dadadada

la presa

dadadada

el aerogenerador

ba

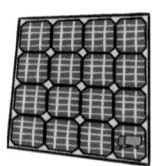

el panel solar

dadadada

el clima

bababa

el mozo
dadadada

el menú
baba

la silla
dadaba

la sopa
nom! nom!

la pizza
nom nom!

los cubiertos
ba

el mantel
babababa

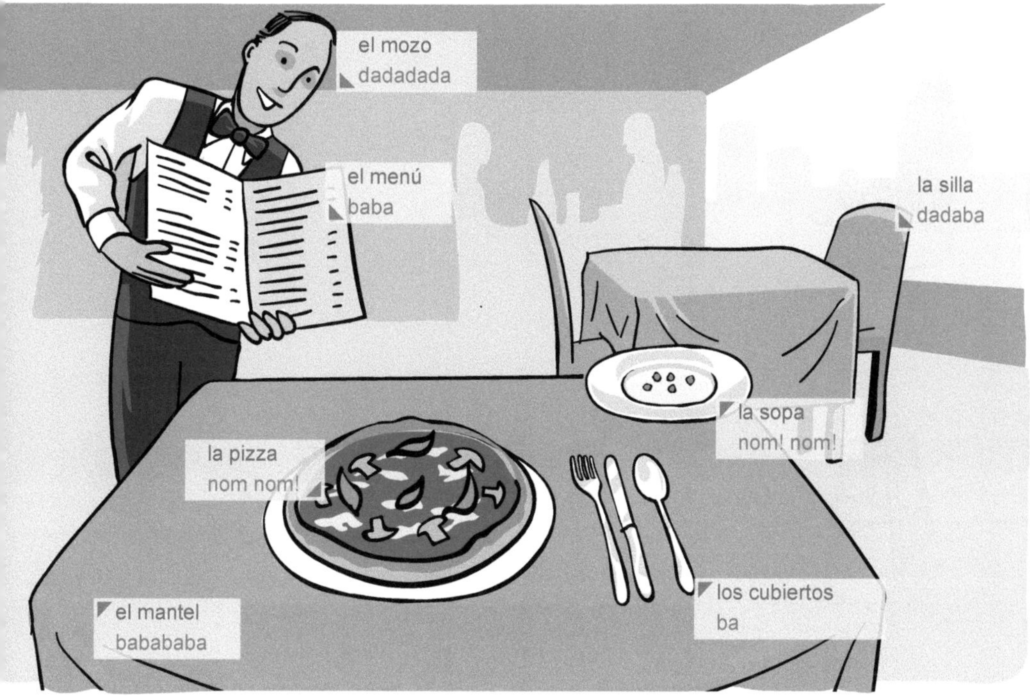

la entrada
nom! nom!

el plato principal
nom! nom!

el postre
nom nom!

las bebidas
dadababa

la comida
nom nom!

la botella
nom nom!

la comida rápida

nom! nom!

la comida callejera

nom! nom!

la tetera

babababa

la azucarera

nom! nom!

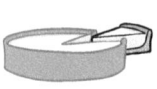

la porción

nom nom!

la cafetera expreso

dadaba

la sillita alta

bababa

la cuenta

ba

la bandeja

bababa

el cuchillo

ba

el tenedor

babadada

la cuchara

dadaba

la cucharita

bababa

la servilleta

dadaba

el vaso

ba

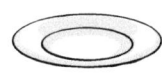

el plato

nom nom!

el plato hondo

bababa

el plato

bababa

la salsa

nom! nom!

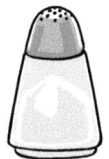

el salero

dadadada

el molinillo de pimienta

dadaba

el vinagre

bähbäh

el aceite

dadababa

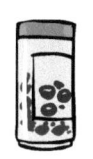

las especias

dadababa

el kétchup

nom! nom!

la mostaza

nom! nom!

la mayonesa

nom nom!

el supermercado
dada nom nom

la oferta especial
dadababa
FOR
el cliente
dadaba
los lácteos
dadaba
la fruta
nom nom!
el changuito
baba

BUTCHERS

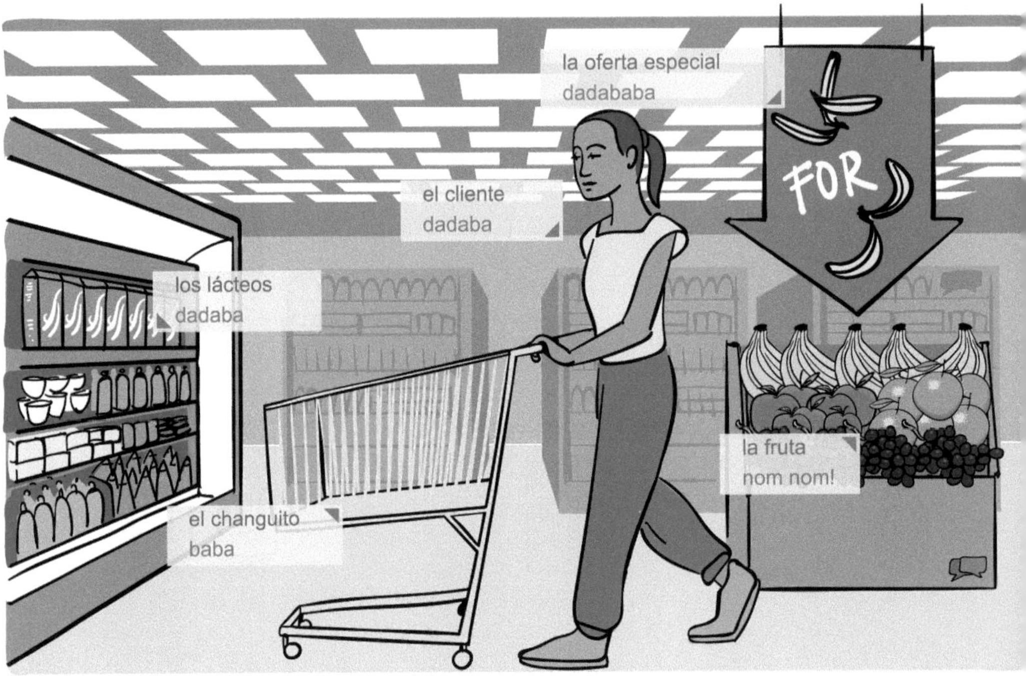

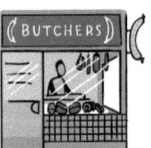

la carnicería

dadaba

BAKERY

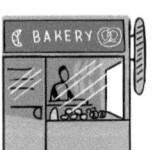

la panadería

nom! nom!

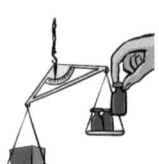

pesar

bababa

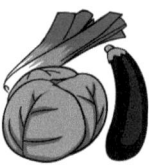

las verduras

bähbäh

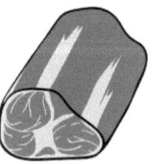

la carne

nom nom!

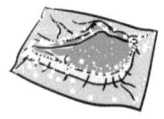

los alimentos congelados

nomnom

los fiambres

nom nom!

los alimentos enlatados

nomnom

el detergente en polvo

bababa

las golosinas

baba

los electrodomésticos

dadaba

los productos de limpieza

dadababa

la vendedora

bababa

la caja

bababa

el cajero

dadaba

la lista de compras

dada

el horario de atención

dadababa

la billetera

baba

la tarjeta de crédito

babadada

la cartera

dadababa

la bolsa de plástico

dadababa

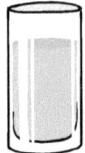

el agua

wasa

el jugo

dadadada

la leche

badada

la bebida cola

ba

el vino

bababa

la cerveza

dadadada

el alcohol

dadaba

el cacao

bababa

el té

dadababa

el café

dada

el café expreso

dadaba

el cappuccino

dadababa

la banana

nane

la manzana

nom nom!

la naranja

bababa

el melón

nom nom!

el limón

nom nom!

la zanahoria

bähbäh

el ajo

bada meh

el bambú

dadaba

la cebolla

dadaba

el champiñón

nom nom!

las nueces

nom nom!

los fideos

nom nom!

los tallarines

nom nom!

el arroz

nom nom!

la ensalada

nom nom!

las papas fritas

nom nom!

las papas fritas

nom nom!

la pizza

nom nom!

la hamburguesa

nom nom!

el sándwich

nom nom!

el churrasco

nom nom!

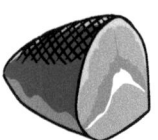

el jamón

nom nom!

el salame

nom nom!

la salchicha

nom nom!

el pollo

gack gack

el asado

nom nom!

el pescado

nom nom!

la comida - nom nom!

los copos de avena

nom nom!

el muesli

bähbäh

los copos de maíz

nom nom!

la harina

nom nom!

la medialuna

nom nom!

el pancito

babadada

el pan

nom! nom!

la tostada

nom nom!

las galletitas

nom nom!

la manteca

nom nom!

la cuajada

nom nom!

la torta

nom nom

el huevo

dadaba

el huevo frito

nom nom!

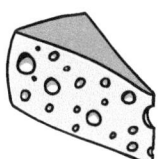

el queso

bada muh

el helado

nom nom!

el azúcar

nom nom!

la miel

baba summ

la mermelada

nom nom!

la pasta de chocolate

nom nom!

el curry

babadada

la granja
dadaba

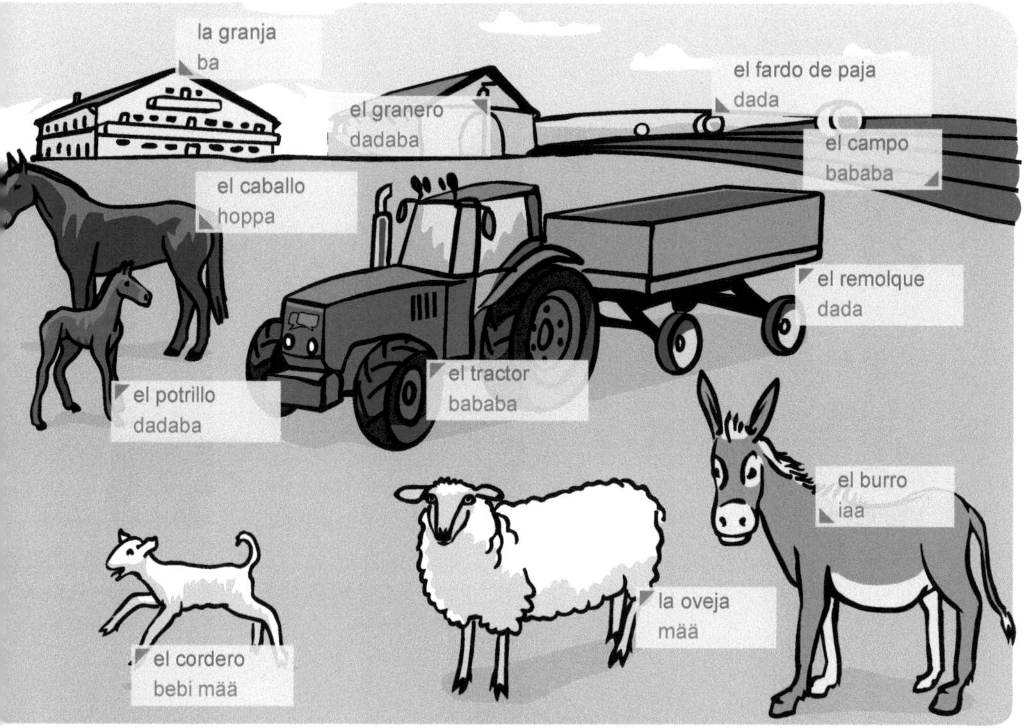

la granja
ba
el granero
dadaba
el fardo de paja
dada
el campo
bababa
el caballo
hoppa
el remolque
dada
el potrillo
dadaba
el tractor
bababa
el burro
iaa
la oveja
mää
el cordero
bebi mää

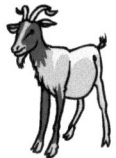

la cabra

baba

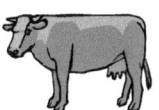

la vaca

muh

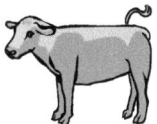

el ternero

mimuh

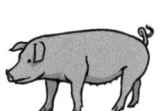

el cerdo

mama oink

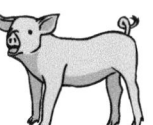

el lechón

oink

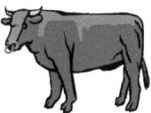

el toro

dadadada

el ganso

gackgack

el pato

gackquack

el pollo

gacki

la gallina

gackgack

el gallo

gacko

la rata

dada

el gato

mau

el ratón

bababa

el buey

muh

el perro

wauwau

la cucha

wauwau

la manguera

baba

la regadera

dadababa

la guadaña

baba

el arado

dadababa

la hoz
baba

la azada
dadadada

la horquilla
dada

el hacha
bababa

la carretilla
babababa

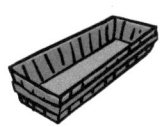

el abrevadero
baba

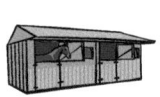

la lechera
dada muh

la bolsa
dadababa

la reja
badada

el establo
dadadada

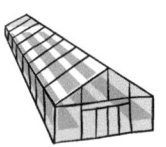

el invernadero
ba

el suelo
babadada

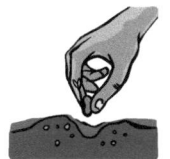

la semilla
baba

el fertilizador
baba

la cosechadora
dadababa

cosechar
....
bababa

la cosecha
....
dadadada

las batatas
....
dadaba

el trigo
....
dadababa

la soja
....
dadababa

la papa
....
bababa

el maíz
....
badada

la semilla de colza
....
bababa

el árbol frutal
....
bababa

la mandioca
....
dadadada

los cereales
....
dadababa

la casa
dadaba

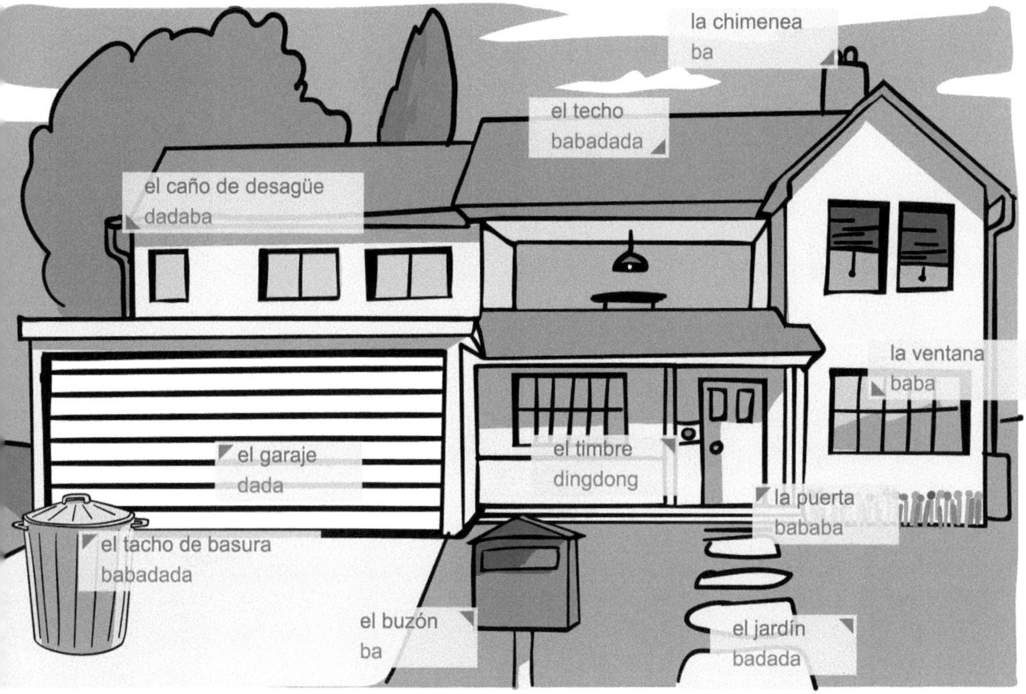
la chimenea
ba
el techo
babadada
el caño de desagüe
dadaba
la ventana
baba
el timbre
dingdong
el garaje
dada
la puerta
bababa
el tacho de basura
babadada
el buzón
ba
el jardín
badada

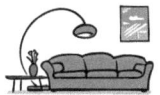

el living
dadadada

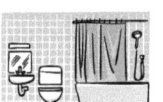

el baño
bababa

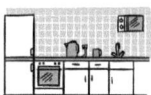

la cocina
bababa

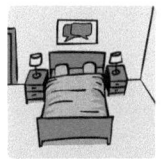

el dormitorio
dadababa

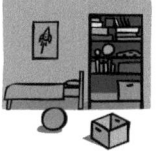

el cuarto de los chicos
meina

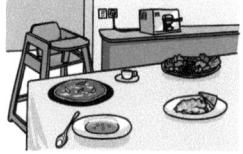

el comedor
dadaba

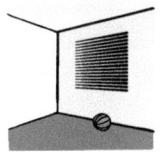

el piso

badada

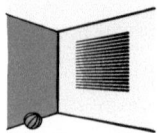

la pared

dadababa

el cielorraso

bababa

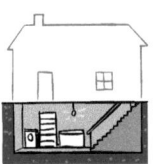

el sótano

dada

el sauna

dadababa

el balcón

babababa

la terraza

dadadada

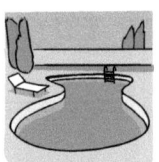

la pileta

bababa

la cortadora de pasto

baba

la sábana

dadaba

el acolchado

babadada

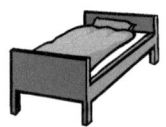

la cama

heia!

la escoba

dada

el balde

dadaba

el interruptor

dadababa

el living
dadadada

el empapelado
dadadada
la imagen
badada
la lámpara
badada
el estante
dadadada
el armario
ba
la televisión
dada gucki
la chimenea
dadababa
la flor
mama!
el almohadón
baba
el sofá
dada
el florero
dadaba
el control remoto
baba

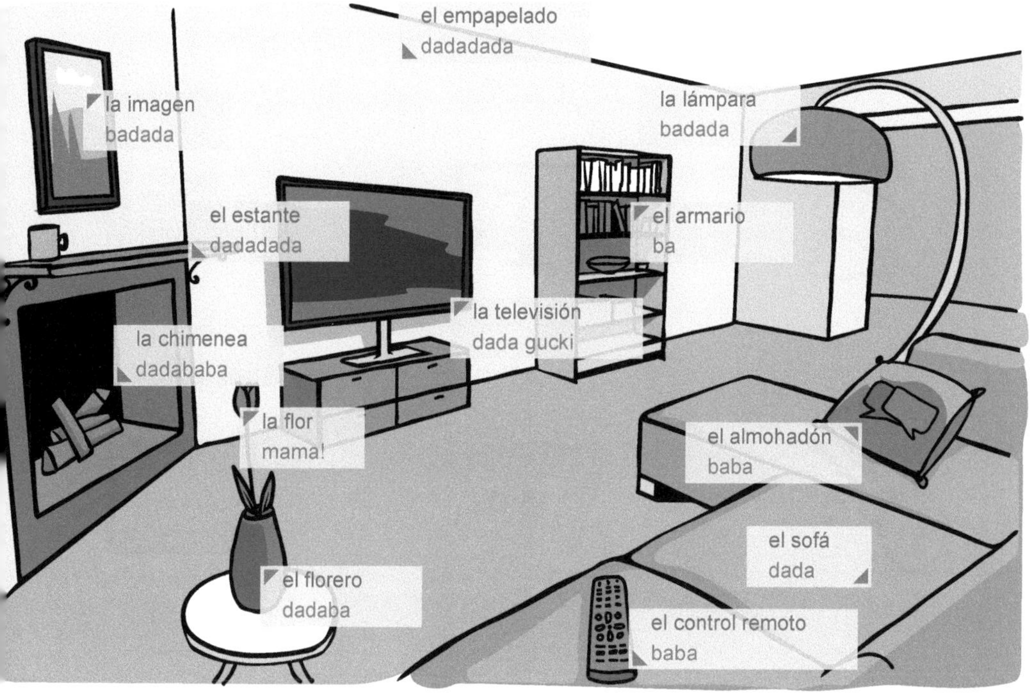

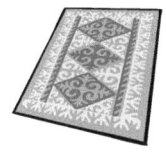

la alfombra

dada

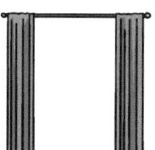

la cortina

bababa

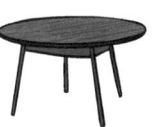

la mesa

ba

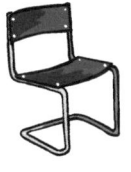

la silla

dadaba

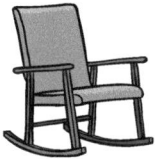

la mecedora

dadadada

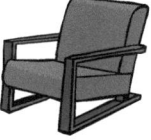

el sillón

bababa

el libro

dadaba

la frazada

dadadada

la decoración

dadaba

la leña

ba

la película

dadadada

el equipo de música

lala

la llave

babadada

el diario

dadadada

la pintura

dadadada

el póster

bababa

la radio

lala

el cuaderno

dadababa

la aspiradora

babadada

el cactus

aua!

la vela

babadada

la cocina
bababa

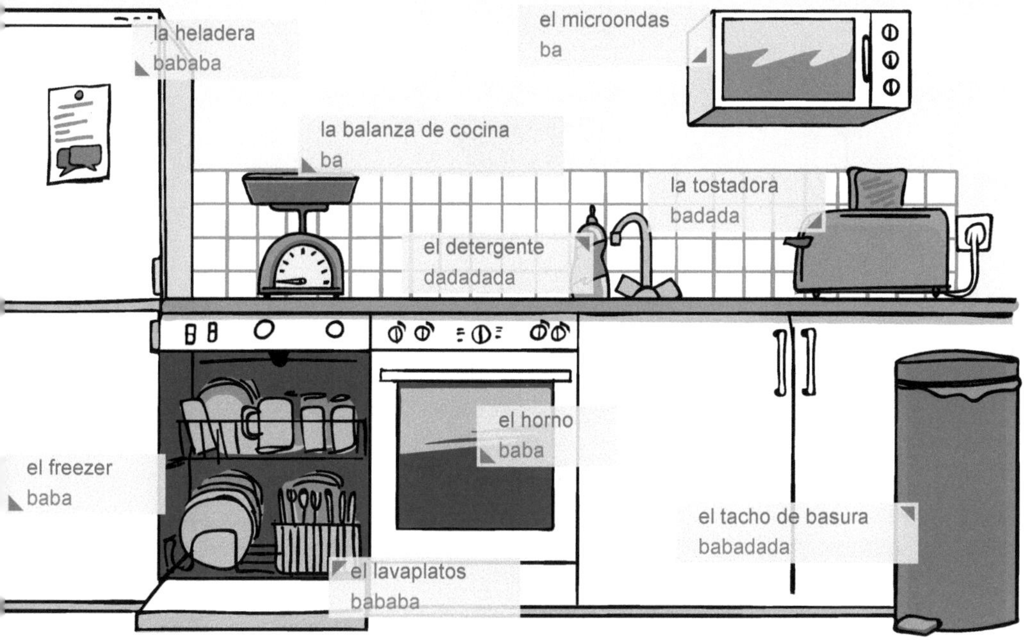

la heladera
bababa
el microondas
ba
la balanza de cocina
ba
la tostadora
badada
el detergente
dadadada
el horno
baba
el freezer
baba
el tacho de basura
babadada
el lavaplatos
bababa

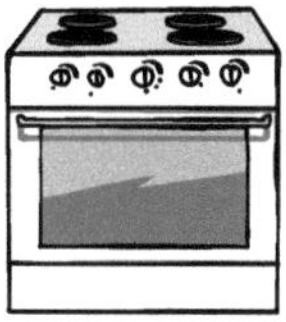

la cocina

dada

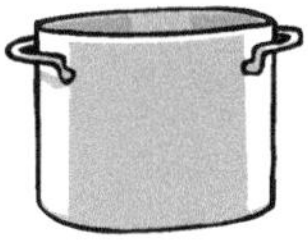

la olla

dada

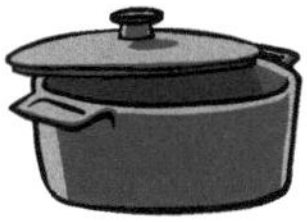

la olla de hierro fundido

dada

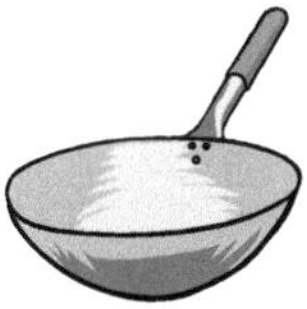

el wok

baba / dada

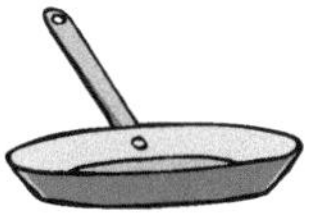

la sartén

badada

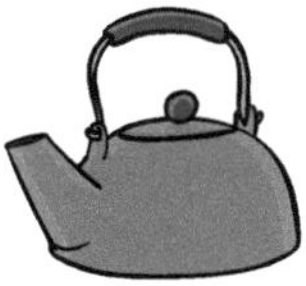

la pava

ba

la vaporera

dadababa

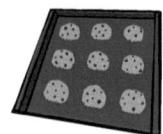

la bandeja de horno

bababa

la vajilla

dadaba

la taza

dadadada

el bol

dadaba

los palitos

baba

el cucharón

dadaba

la espátula

dadadada

la batidora

badada

el colador

dada

el colador

bababa

el rallador

baba

el mortero

dadababa

la parrilla

dada

la fogata

aua!

la tabla de picar

dadababa

el palo de amasar

babababa

el sacacorchos

dadababa

la lata

dadadada

el abrelatas

bababa

la manopla

dadababa

la pileta

dadadada

el cepillo

dadababa

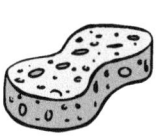

la esponja

ba

la batidora

aua!

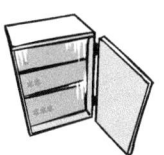

el congelador

babadada

la mamadera

bababa

la canilla

dadadada

el baño
bababa

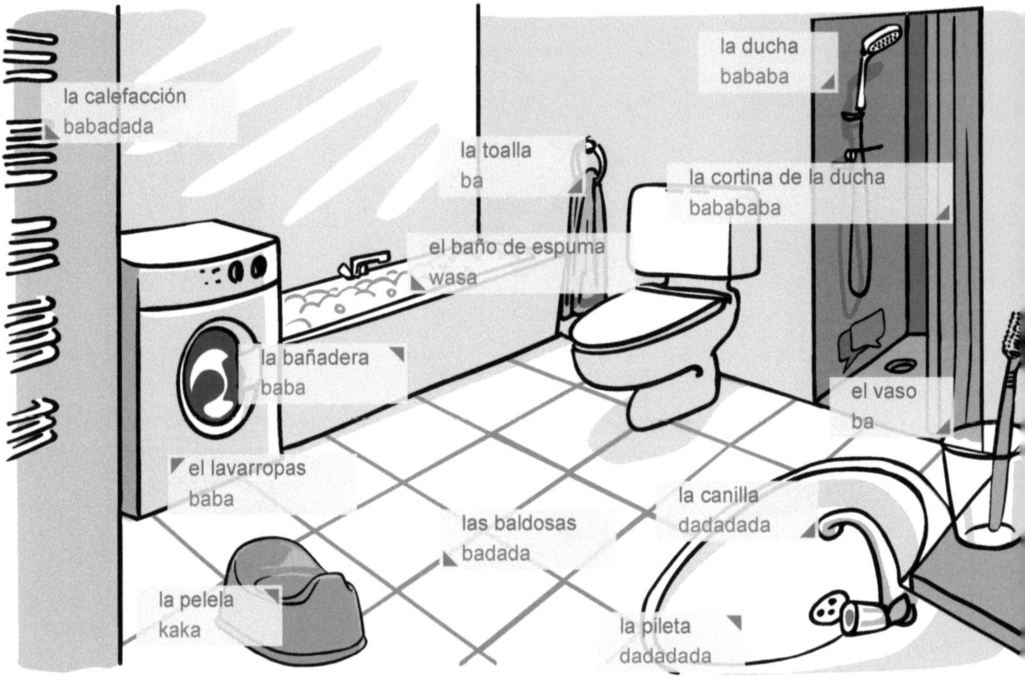
la calefacción
babadada
la toalla
ba
la ducha
bababa
la cortina de la ducha
babababa
el baño de espuma
wasa
la bañadera
baba
el lavarropas
baba
el vaso
ba
la canilla
dadadada
las baldosas
badada
la pelela
kaka
la pileta
dadadada

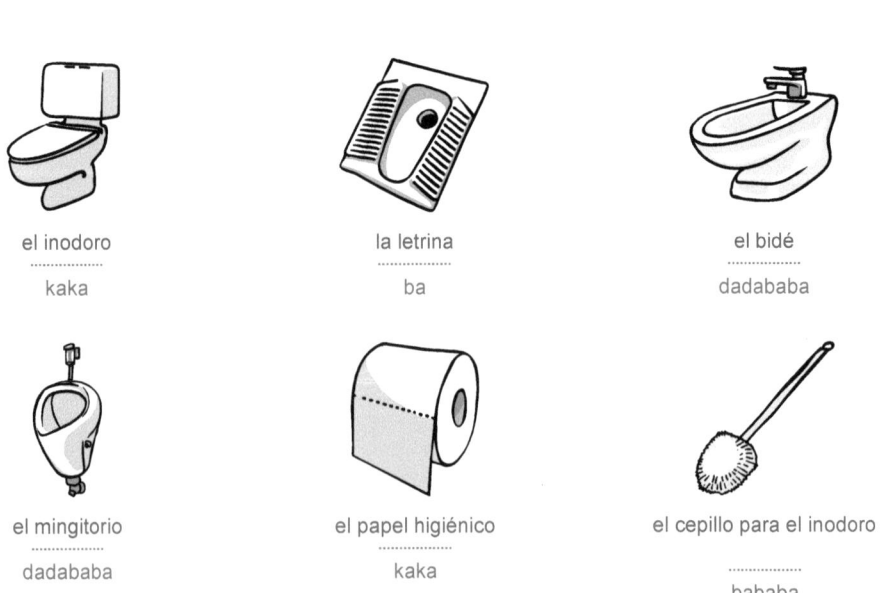

el inodoro
kaka

la letrina
ba

el bidé
dadababa

el mingitorio
dadababa

el papel higiénico
kaka

el cepillo para el inodoro
bababa

el cepillo de dientes

bababa

el dentífrico

nom! nom!

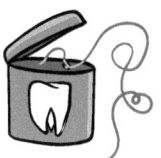

el hilo dental

dadadada

lavar

bababa

la ducha de mano

babababa

la ducha higiénica

dadadada

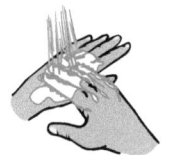

la palangana

badada

el cepillo para la espalda

dadadada

el jabón

nom! nom!

el gel de ducha

nom! nom!

el shampoo

nom! nom!

la toallita

babadada

el desagüe

dadaba

la crema

nom! nom!

el desodorante

bababababa

el espejo

dadadada

el espejito

dadadada

la maquinita de afeitar

ba

la espuma de afeitar

nom! nom!

el aftershave

nam! nam!

el peine

dadababa

el cepillo

baba

el secador de pelo

dadadada

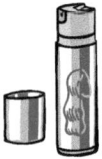

el spray

badada

el maquillaje

dadaba

el lápiz de labios

mama!

el esmalte para uñas

ba

el algodón

bababa

la tijera para uñas

dadadada

el perfume

bababa

el portacosméticos

dadadada

la banqueta

bababa

la balanza

dadadada

la bata

ba

los guantes de goma

babababa

el tampón

ba

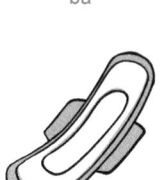

la toallita femenina

bababa

el baño químico

baba

el cuarto de los chicos

meina

el despertador
bababa
el peluche
bababa
el coche de juguete
auto
el sonajero
dadadada
la casa de muñecas
bababa
el regalo
babababa

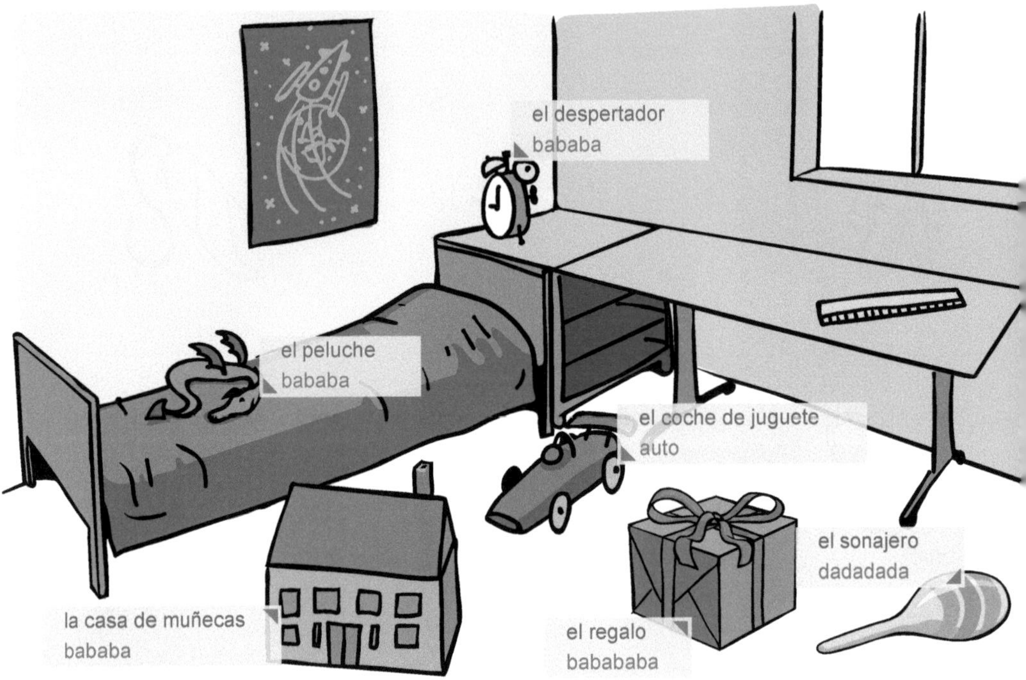

el globo

dadadada

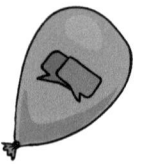

la cama

heia!

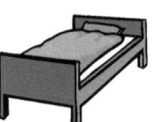

el cochecito

dadaba

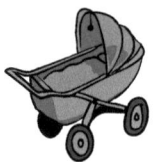

las cartas

dadababa

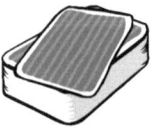

el rompecabezas

bababa

SUPER
MEGA

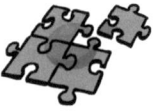

la historieta

dadababa

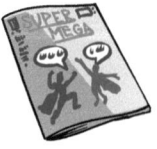

las piezas de lego
badada

los ladrillos de juguete
badada

la figura de acción
dada

el enterito (de bebé)
dadadada

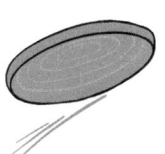

el frisbee
dadaba

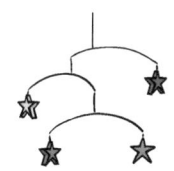

el móvil para bebés
dadaba

el juego de mesa
ba

los dados
baba

el tren eléctrico
dadababa

el chupete
lula

la fiesta
baba

el libro de cuentos ilustrado
dadaba

la pelota
dada

la muñeca
dada

jugar
badada

el arenero

dadaba

la hamaca

babababa

los juguetes

dadababa

la consola de videojuegos

dadaba

el triciclo

babadada

el osito de peluche

dadababa

el armario

dadaba

la ropa

baba

las medias

dadadada

las medias panty

ba

las calzas

dada

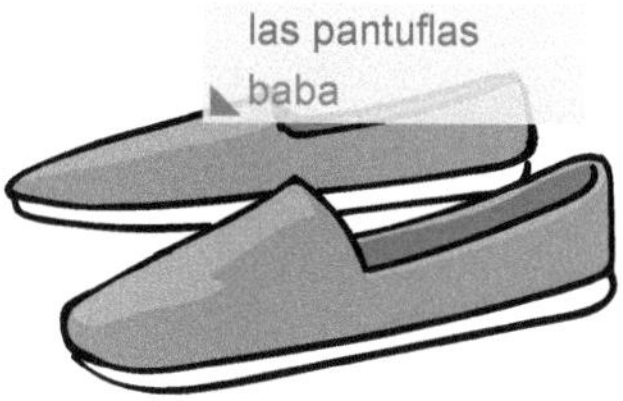

la bufanda
bababa

el cinturón
dadababa

el paraguas
bababa

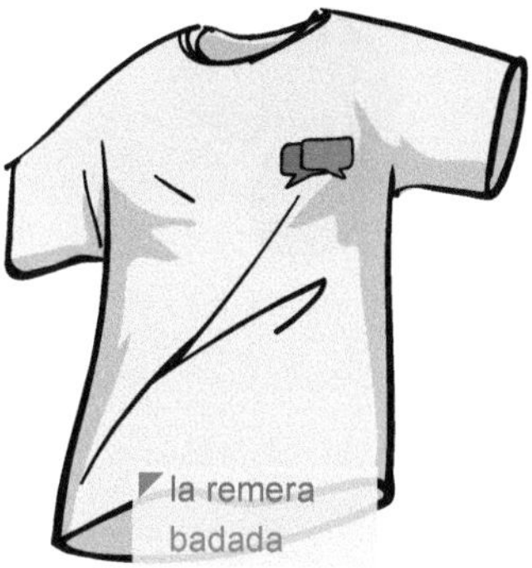

la remera
badada

las zapatillas
ba

las botas
baba

las pantuflas
baba

las sandalias
....
bababa

los zapatos
....
badada

las botas de goma
....
dada

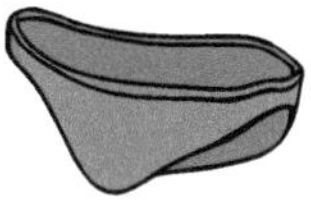

la ropa interior
....
ba

el corpiño
....
baba

el chaleco
....
dadadada

el body
badada

los pantalones
ba

los jeans
bababa

la pollera
dada

la blusa
bababa

la camisa
dadadada

el pulóver
baba

el buzo
baba

el blazer
babadada

la campera
baba

el tapado
bababa

el piloto
dadababa

el traje
bababa

el vestido
ba

el vestido de novia
dadaba

el traje
dadadada

el camisón
babababa

el pijama
heia

el sari
baba

el pañuelo para la cabeza
dadadada

el turbante
dada

la burka
dada

el caftán
baba

la abaya
dadadada

el traje de baño
wasa

el short de baño
bababa

los shorts
dadababa

el jogging
babababa

el delantal
baba

los guantes
babababa

el botón

dadaba

los anteojos

babadada

la pulsera

dada

el collar

dadababa

el anillo

bababa

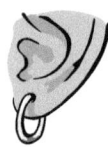

el aro

dadababa

la gorra

dada

la percha

babadada

el sombrero

dadababa

la corbata

bababa

el cierre

badada

el casco

dadaba

los tiradores

dada

el uniforme escolar

babadada

el uniforme

babababa

el babero
namnam

el chupete
lula

el pañal
kaka!

la oficina
baba

el servidor
dadaba

el archivero
dadababa

la impresora
badada

el monitor
dadadada

el papel
dadadada

el escritorio
ba

el mouse
baba

la carpeta
dadaba

el teclado
dada

el tacho (de basura)
babadada

la computadora
dada

la silla
bababa

la taza de café
dada

la calculadora
bababa

el internet
da da

la laptop
papa!

la carta
dadababa

el mensaje
ba

el celular
fon

la red
bababa

la fotocopiadora
ba

el software
bababa

el teléfono
dada bing

el tomacorriente
aua!

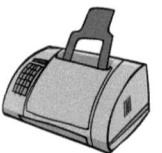

el fax
bababa

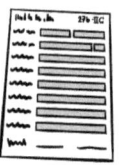

el formulario
dadaba

el documento
bababa

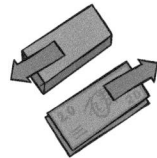

comprar
baba

pagar
dadadada

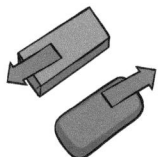

hacer negocios
dadaba

el dinero
badada

USD

el dólar
babadada

EUR

el euro
dadaba

JPY

el yen
bababa

RUB

el rublo
ba

CHF

el franco suizo
dada

CNY

el yuan
dada

INR

la rupia
ba

el cajero automático
ba

la casa de cambio

dadadada

el oro

dadadada

la plata

baba

el petróleo

dadadada

la energía

ba

el precio

dadadada

el contrato

baba

el impuesto

bababa

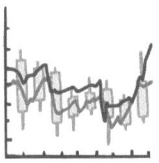

la acción

dadadada

trabajar

dadaba

el empleado

dadadada

el empleador

dadababa

la fábrica

dadaba

el negocio

ba

las ocupaciones

ba

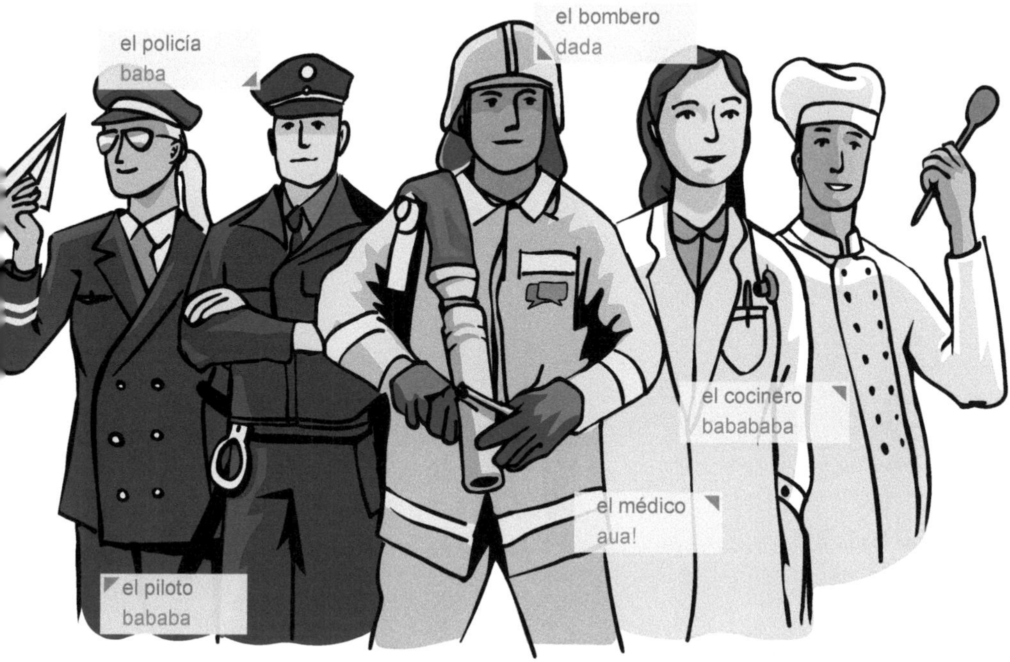

el policía
baba
el bombero
dada
el cocinero
babababa
el médico
aua!
el piloto
bababa

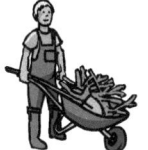

el jardinero

bababa

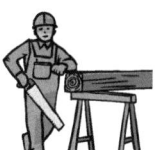

el carpintero

bababa

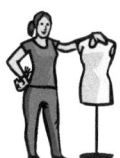

la modista

baba

el juez

bababa

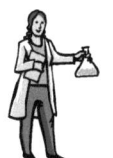

el farmacéutico

dadaba

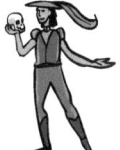

el actor

dadababa

el colectivero

ba

el taxista

auto mann

el pescador

bababa

la mucama

dadadada

el techista

dadadada

el mozo

dadadada

el cazador

badada

el pintor

dadadada

el panadero

dadababa

el electricista

papa!

el albañil

babababa

el ingeniero

bababa

el carnicero

dadababa

el plomero

dadadada

el cartero

bababa

el soldado

dadadada

el arquitecto

ba

el cajero

dadaba

el florista

bababa

el peluquero

babadada

el cobrador

bababa

el mecánico

dadaba

el capitán

dada

el dentista

badada

el científico

ba

el rabino

bababa

el imán

dadaba

el monje

dada

el sacerdote

dadadada

las herramientas
dada

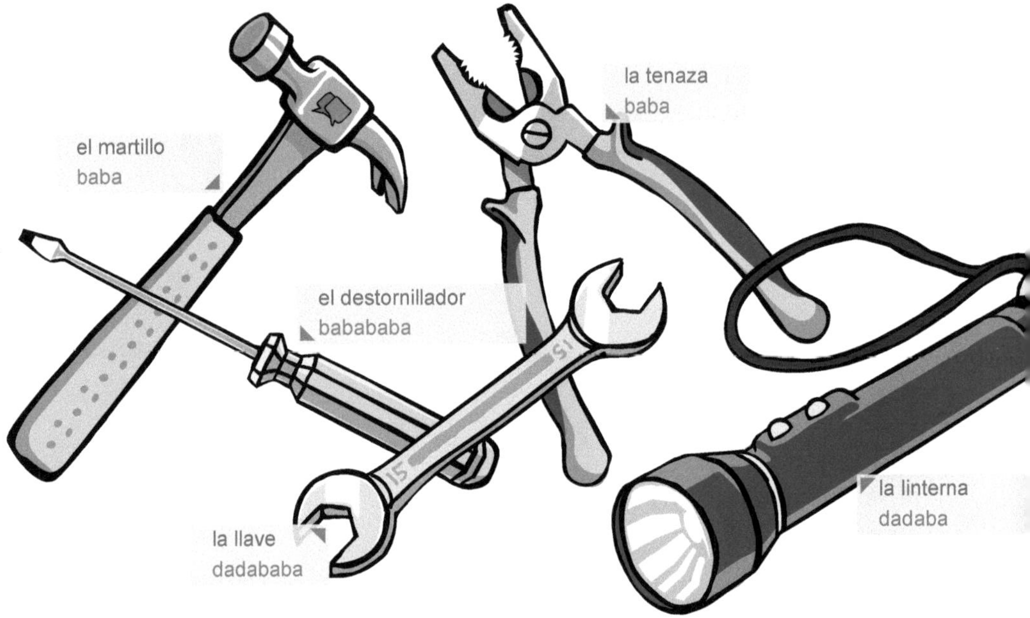
la tenaza
baba
el martillo
baba
el destornillador
babababa
la linterna
dadaba
la llave
dadababa

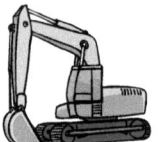

la excavadora

dadaba

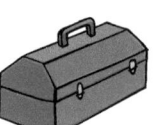

la caja de herramientas

baba

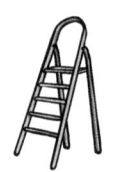

la escalera portátil

babababa

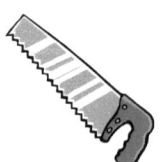

la sierra

dadaba

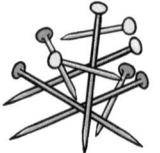

los clavos

babadada

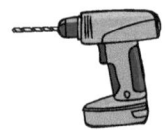

el taladro

dada

arreglar
dadababa

la pala de jardín
dada

¡Qué bronca!
aua!

la pala de plástico
dada

el tacho de pintura
dadaba

los tornillos
babababa

los instrumentos musicales
bababa

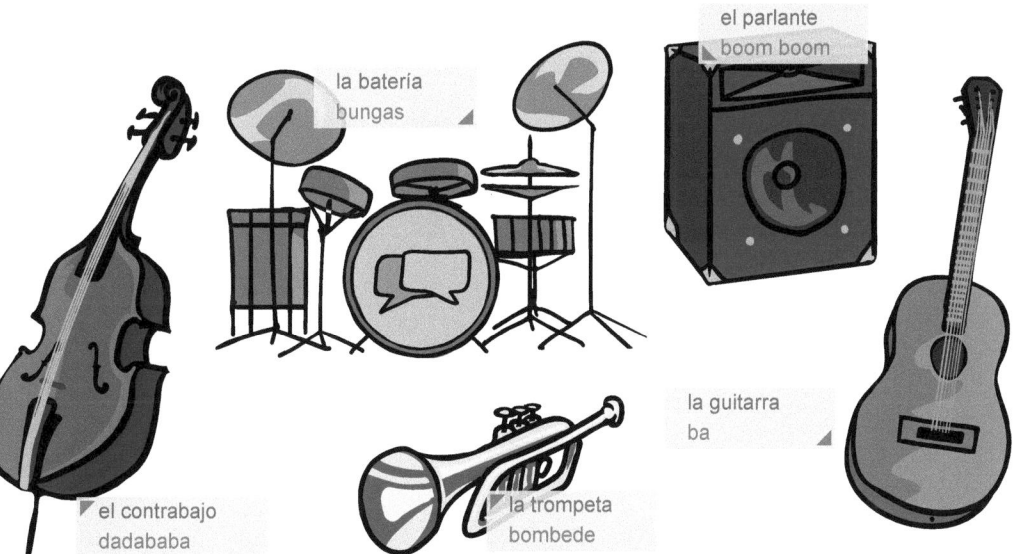

la batería
bungas

el parlante
boom boom

el contrabajo
dadababa

la trompeta
bombede

la guitarra
ba

el piano

bingbing

el violín

bababa

el bajo

ba

los timbales

badada

el tambor

bunga bunga

el teclado

badada

el saxofón

dadababa

la flauta

dadababa

el micrófono

dadadada

el zoológico
bababa

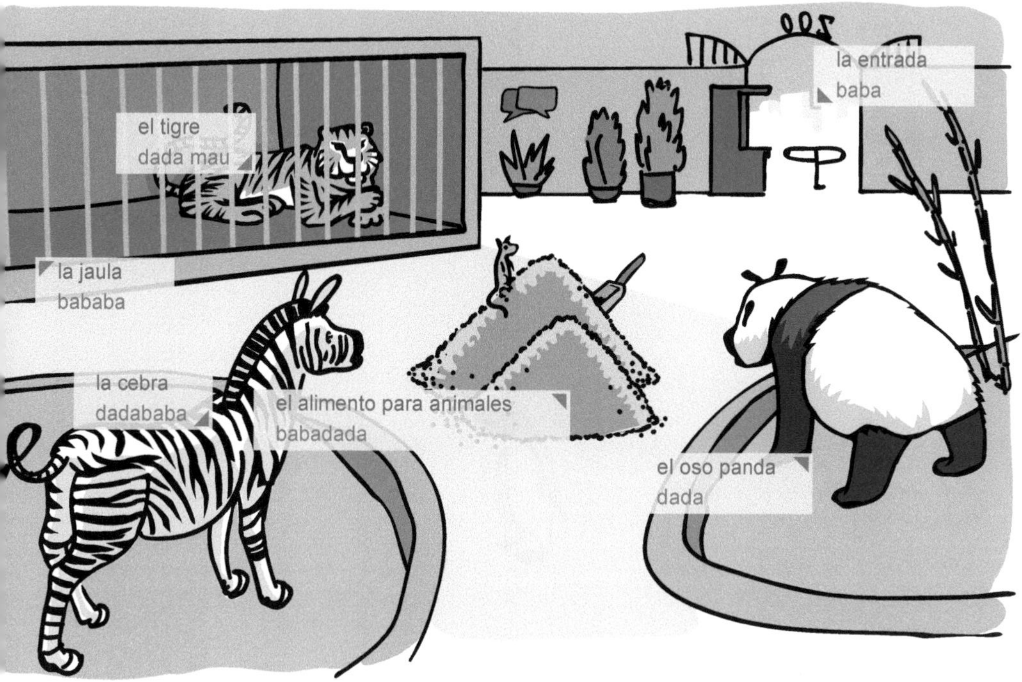
la entrada
baba
el tigre
dada mau
la jaula
bababa
la cebra
dadababa
el alimento para animales
babadada
el oso panda
dada

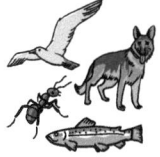

los animales
dadadada

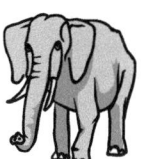

el elefante
bababa

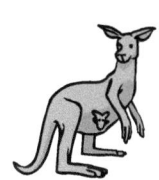

el canguro
dadaba

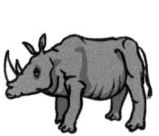

el rinoceronte
babadada

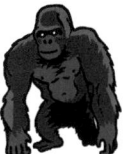

el gorila
dada

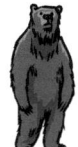

el oso
babababa

el camello

dadaba

el avestruz

gackgack

el león

babadada

el mono

dadaba

el flamenco

gackgack

el loro

bababa

el oso polar

bababa

el pingüino

dada

el tiburón

bababa

el pavo real

dadaba

la serpiente

badada

el cocodrilo

babababa

el cuidador del zoológico

dadadada

la foca

dada

el jaguar

bababa

el poni

ei!

el leopardo

dadadada

el hipopótamo

dada

la jirafa

bababababa

el águila

bababa

el jabalí

babadada

el pescado

nom nom!

la tortuga

dadadada

la morsa

anje

el zorro

dadadada

la gacela

bababa

el fútbol americano
dadababa

el ciclismo
dadaba

el tenis
bum bum

el básquet
ball

la natación
badada

el boxeo
aua!

el hockey sobre hielo
baba

el fútbol
dadadada

el bádminton
badada

el atletismo
dadababa

el handball
ball

el esquí
dadadada

el polo
baba

las actividades
dadadada

reír
baba
saltar
dada
abrazar
bababa
caminar
dada
cantar
dadababa
soñar
dadababa
rezar
dadadada
besar
mama!

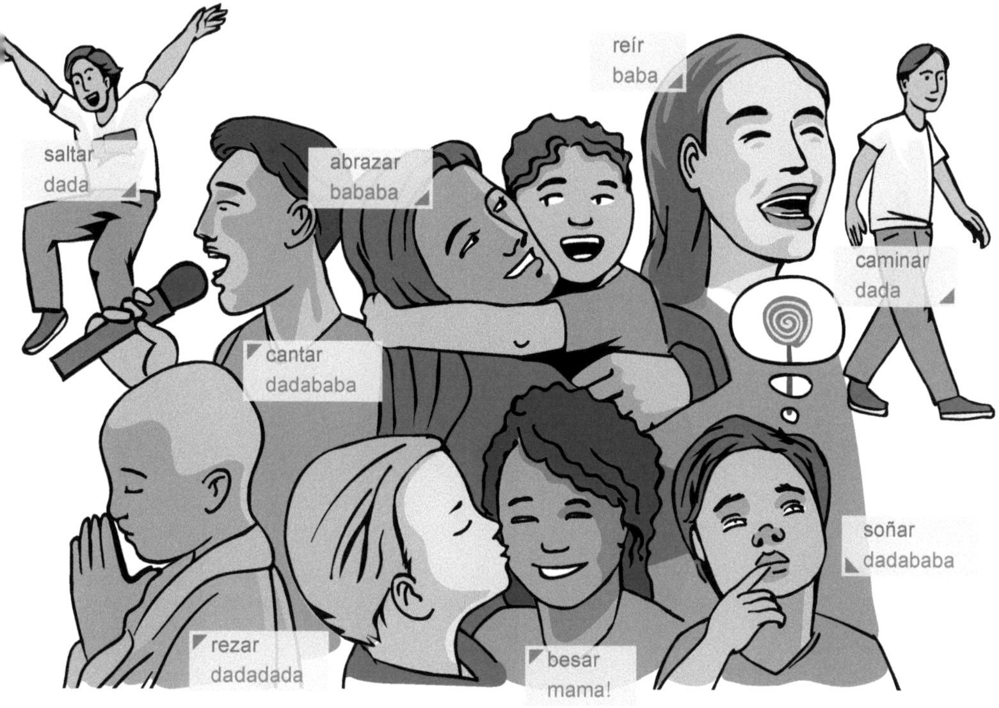

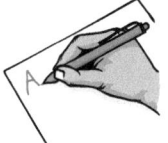

escribir

dadaba

dibujar

dada

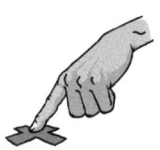

mostrar

dadababa

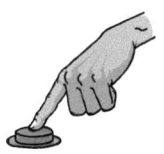

presionar

dada

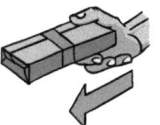

dar

badada

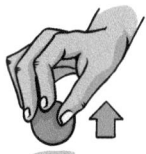

tomar

dadaba

tener

dadaba

hacer

dadadada

ser

babadada

estar parado

dadadada

correr

baba

tirar

dadababa

tirar

dadadada

caer

dadaba

estar acostado

badada

esperar

dadaba

llevar

bababa

estar sentado

ba

vestirse

dadababa

dormir

heia!

despertar

bababa

mirar

bababababa

llorar

baaaaaa

acariciar

dadadada

peinar

bababa

hablar

bababa

entender

baba

preguntar

badada

escuchar

dadababa

beber

bababa

comer

nomnom!

ordenar

badada

amar

ba

cocinar

badada

manejar

dadababa

volar

dadadada

navegar

dadababa

calcular

dadababa

leer

dadadada

aprender

dadababa

trabajar

dadaba

casarse

baba

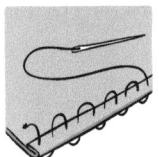

coser

dada

cepillarse los dientes

aua!

matar

aua!

fumar

dadababa

enviar

babababa

la abuela
oma!

el abuelo
opa!

el padre
papa!

la madre
mama!

el bebé
bebi

la hija
ba

el hijo
badada

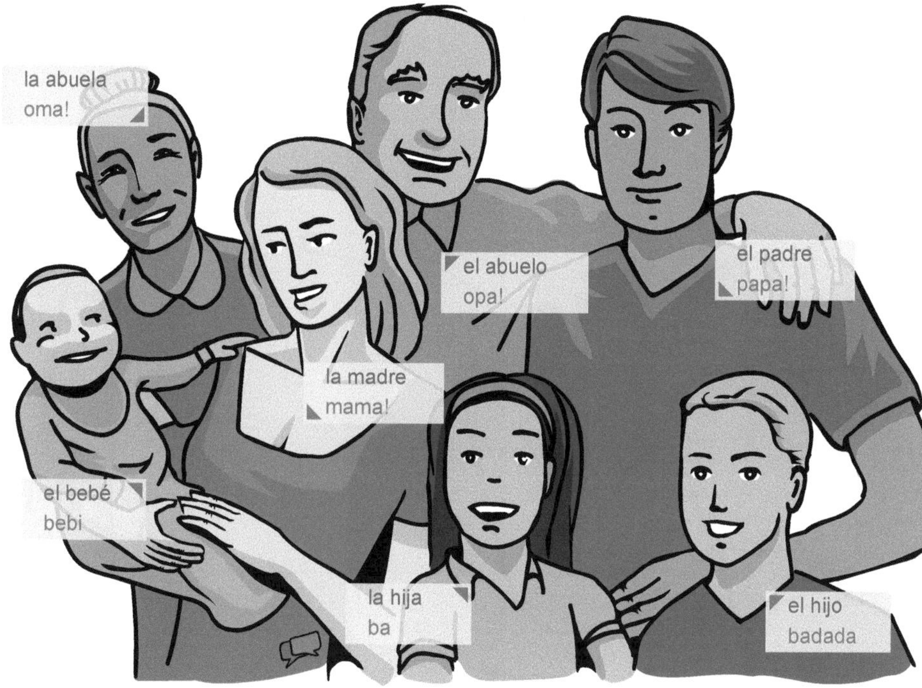

el invitado
baba

la tía
ba

el tío
bababa

el hermano
nein!

la hermana
nein!

el cuerpo
dadababa

la frente
bababa
el ojo
dada
el hombro
bababa
el dedo
dada
la cara
dada
la pera
dadababa
la mano
baba
la pierna
dadaba
el pecho
da
el brazo
bababa

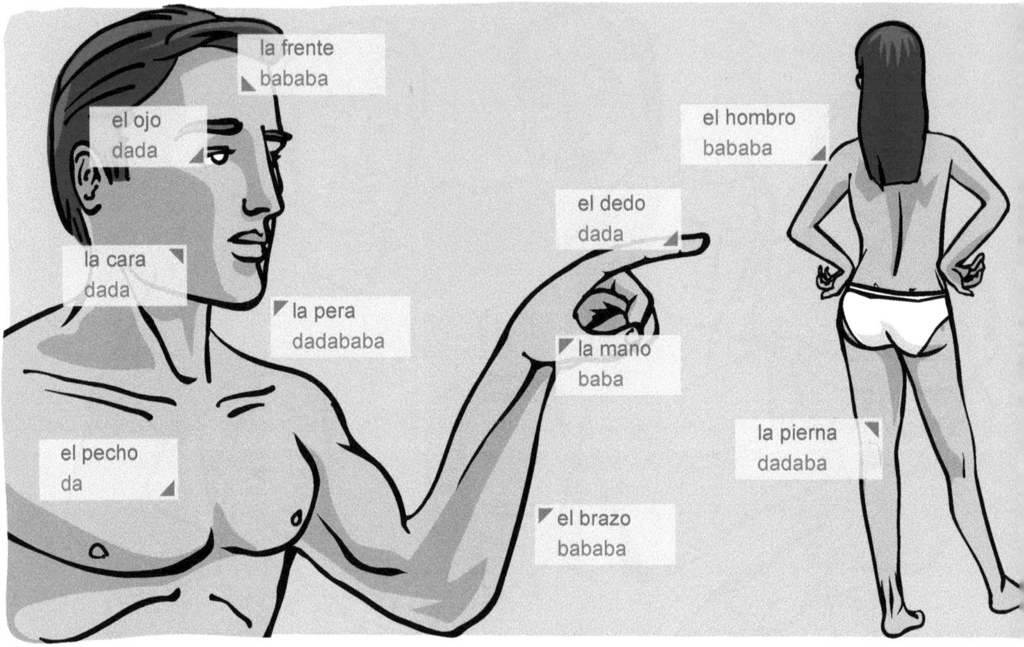

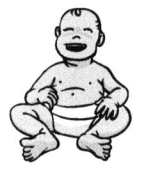

el bebé
bebi

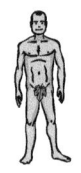

el hombre
papa!

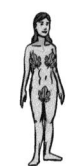

la mujer
mama

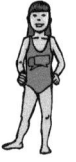

la nena
baba

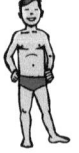

el nene
babadada

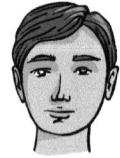

la cabeza
bababa

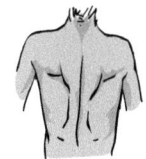

la espalda

baba

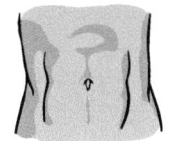

la panza

dadababa

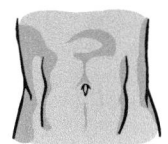

el ombligo

dada

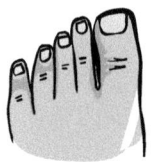

el dedo del pie

dadababa

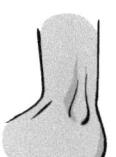

el talón

ba

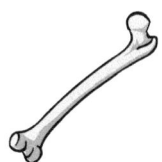

el hueso

badada

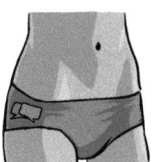

la cadera

bababa

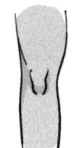

la rodilla

dada

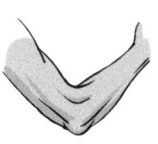

el codo

dadadada

la nariz

bababa

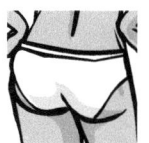

la cola

popo

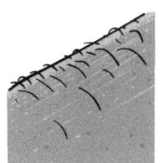

la piel

dadaba

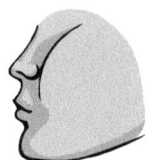

el cachete

badada

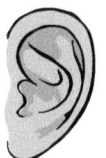

la oreja

dada

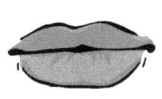

el labio

babababa

la boca

dadababa

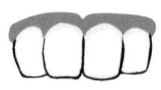

el diente

dadadada

la lengua

baba

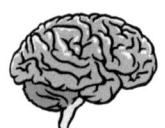

el cerebro

dadadada

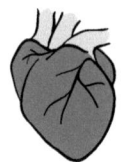

el corazón

baba

el músculo

dada

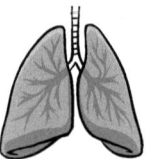

el pulmón

dada

el hígado

dada

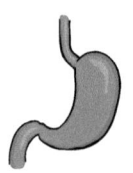

el estómago

dadababa

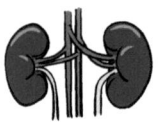

los riñones

dadaba

el sexo

babadada

el preservativo

dada

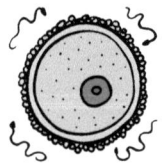

el óvulo

badada

el semen

dadababa

el embarazo

dadababa

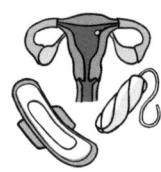

la menstruación

ba

la vagina

mumu

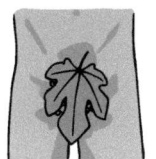

el pene

pipi

la ceja

dada

el pelo

dadababa

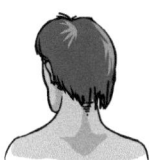

el cuello

bababa

el hospital
aua!

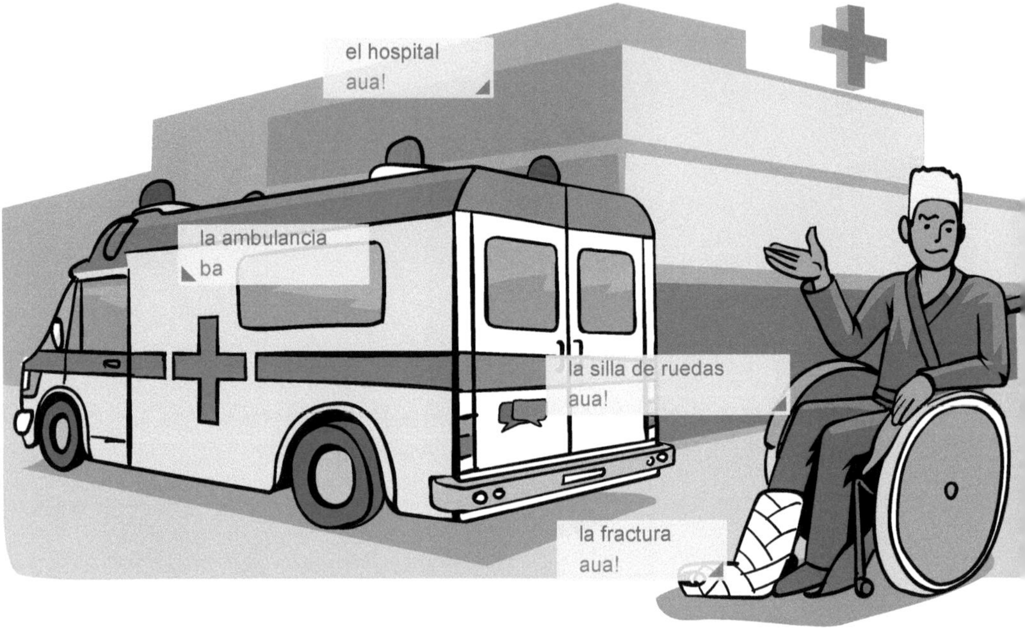

la ambulancia
ba

la silla de ruedas
aua!

la fractura
aua!

el médico

aua!

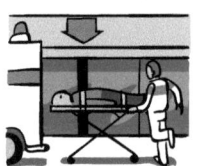

la sala de guardia

aua!

la enfermera

aua!

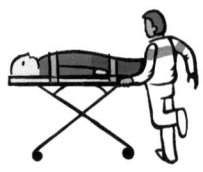

la emergencia

aua!

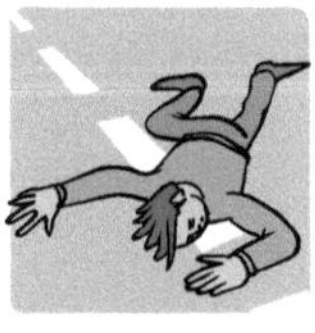

inconsciente

aua!

el dolor

dadababa

la lesión
....
aua!

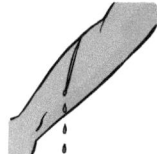

la hemorragia
....
dadadada

el infarto
....
aua!

el ACV
....
aua!

la alergia
....
dadababa

la tos
....
aua!

la fiebre
....
aua!

la gripe
....
aua!

la diarrea
....
aua!

el dolor de cabeza
....
aua!

el cáncer
....
aua!

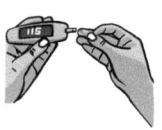

la diabetes
....
aua!

el cirujano
....
aua!

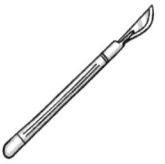

el bisturí
....
aua!

la operación
....
aua!

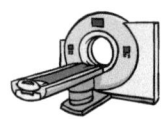

la TC

aua!

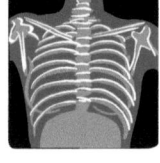

los rayos x

aua!

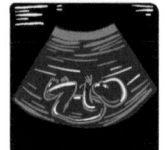

la ecografía

aua!

el barbijo

aua!

la enfermedad

aua!

la sala de espera

aua!

la muleta

aua!

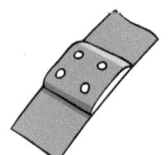

la curita

aua!

la venda

dadababa

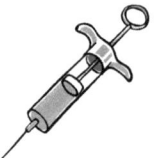

la inyección

aua!

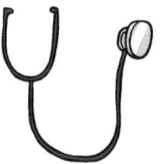

el estetoscopio

aua!

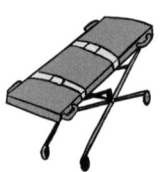

la camilla

aua!

el termómetro

aua!

el nacimiento

aua! bebi!

el sobrepeso

aua!

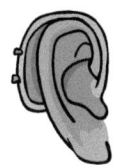

el audífono

aua!

el desinfectante

aua!

la infección

aua!

el virus

aua!

el VIH / SIDA

aua!

el remedio

aua!

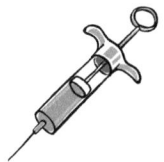

la vacunación

aua!

los comprimidos

aua!

la pastilla anticonceptiva

dadaba

la llamada de emergencia

aua!

el tensiómetro

aua!

enfermo / sano

da / ba

¡Ayuda!

aua!

la alarma

aua!

la agresión

aua!

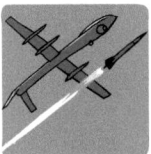

el ataque

aua!

el peligro

aua!

la salida de emergencia

dadadada

¡Fuego!

dadaba

el matafuego

dadaba

el accidente

aua! aua!

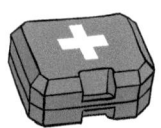

el botiquín de primeros auxilios

aua!

el SOS

baba

la policía

dadadada

Europa

badada

América del Norte

dadaba

América del Sur

dadababa

África

dadaba

Asia

dadaba

Australia

babababa

el Atlántico

badada

el Pacífico

dadaba

el Océano Índico

baba

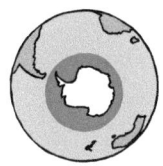

el Océano Antártico

bababa

el Océano Ártico

dadababa

el polo norte

bababa

el polo sur

dadababa

la Antártida

dadaba

la Tierra

dada

la tierra

dadaba

el mar

badada

la isla

dadadada

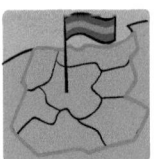

la nación

dadadada

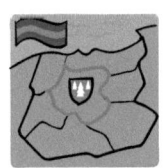

el estado

dadababa

la esfera

baba

la manecilla de las horas

babadada

el minutero

baba

el segundero

bababa

¿Qué hora es?

dadababa

el día

babadada

la hora

dada

ahora

baba

el reloj digital

dadababa

el minuto

dadababa

la hora

bababa

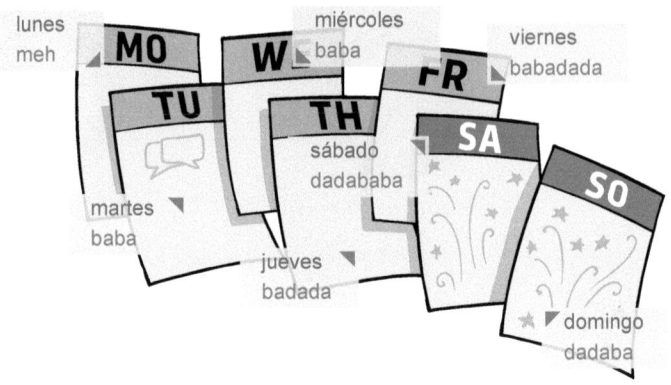

lunes
meh

miércoles
baba

viernes
babadada

martes
baba

sábado
dadababa

jueves
badada

domingo
dadaba

ayer

dadadada

hoy

dadababa

mañana

dadaba

la mañana

baba

el mediodía

baba

la tarde

dadadada

los días hábiles

dada

el fin de semana

baba

la lluvia
dadababa

el arco iris
dadaba

el viento
dadadada

la nieve
kalt

la primavera
dadadada

el otoño
bababa

el verano
badada

el invierno
kalt

4.APRIL	11°	☀
5.APRIL	4°	☁
6.APRIL	13°	☁
7.APRIL	8°	☀
8.APRIL	10°	☀

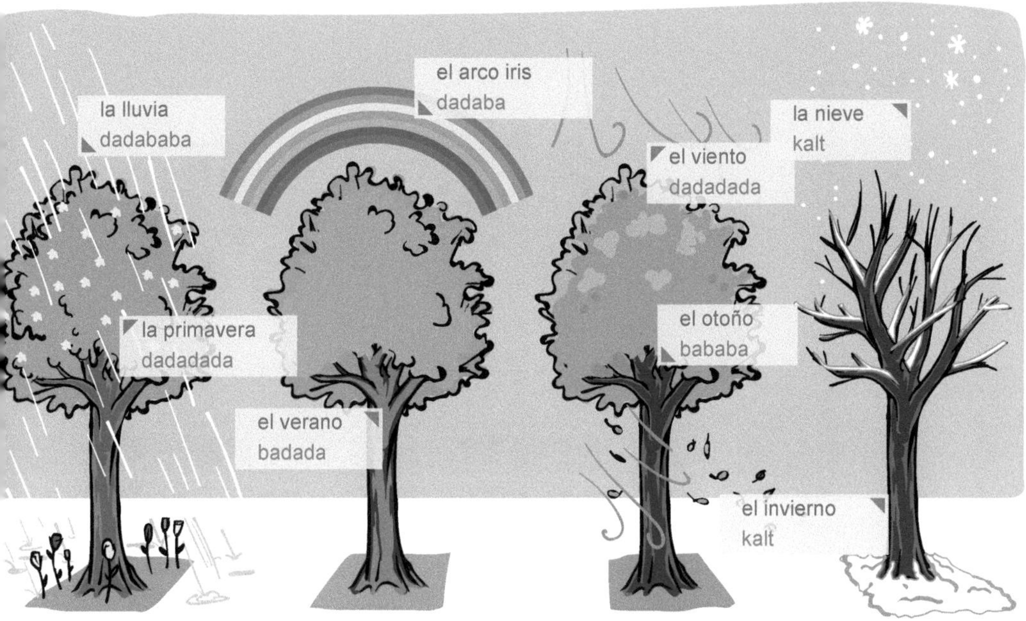

l pronóstico meteorológico

·················
dadababa

el termómetro
·················
bababa

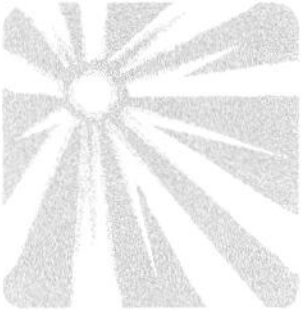

la luz del sol
·················
ba

la nube
·················
baba

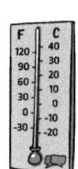

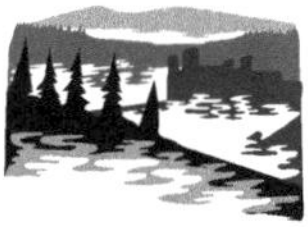

la niebla
·················
dadadada

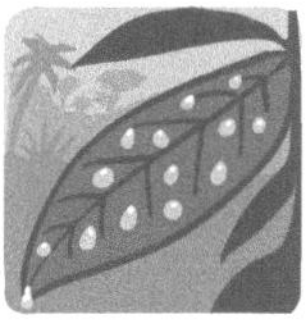

la humedad
·················
dada

el rayo

dadababa

el trueno

dada

la tormenta

badada

el granizo

dadababa

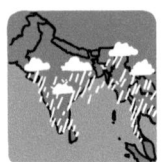

el monzón

bababa

la inundación

dadaba

el hielo

dadadada

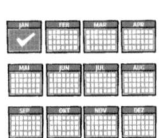

enero

dadaba

febrero

dadaba

marzo

bababa

abril

dadadada

mayo

dadadada

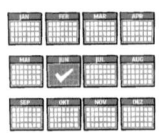

junio

babababa

julio

baba

agosto

bababa

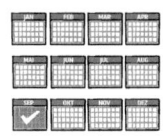

septiembre
....
dadadada

octubre
....
badada

noviembre
....
dadababa

diciembre
....
baba

las formas
dadababa

el círculo
....
baba

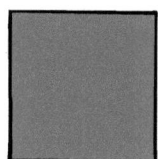

el cuadrado
....
badada

el rectángulo
....
dadababa

el triángulo
....
bababababa

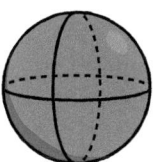

la esfera
....
dadadada

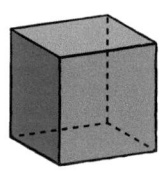

el cubo
....
bababababa

blanco
....
dadababa

amarillo
....
babababa

naranja
....
baba

rosa
....
dadadada

rojo
....
babadada

violeta
....
dadababa

azul
....
dadadada

verde
....
ba

marrón
....
baba

gris
....
bababa

negro
....
badada

mucho / poco

da / ba

enojado / tranquilo

da / ba

lindo / feo

da / ba

el principio / el fin

da / ba

grande / chico

da / ba

claro / oscuro

da / ba

el hermano / la hermana

da / ba

limpio / sucio

da / ba

completo / incompleto

da / bada

el día / la noche

da / ba

muerto / vivo

da / ba

ancho / angosto

da / ba

comestible / no comestible

....

da / ba

malo / amable

....

da / ba

entusiasmado / aburrido

....

ba / ba

gordo / flaco

....

da / ba

primero / último

....

ba / ba

el amigo / el enemigo

....

da / bada

lleno / vacío

....

da / ba

duro / blando

....

da / ba

pesado / liviano

....

da / ba

el hambre / la sed

....

da / bada

enfermo / sano

....

da / ba

ilegal / legal

....

da / ba

inteligente / estúpido

....

da / ba

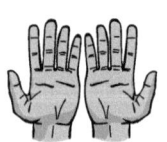

izquierda / derecha

....

ba / ba

cerca / lejos

....

da / ba

nuevo / usado

da / bada

nada / algo

da / ba

viejo / joven

ba / ba

encendido / apagado

da / ba

abierto / cerrado

da / ba

silencioso / ruidoso

da / ba

rico / pobre

ba / ba

correcto / incorrecto

da / ba

áspero / suave

da / ba

triste / contento

ba / ba

corto / largo

da / ba

lento / rápido

da / ba

mojado / seco

da / bada

caliente / frío

da / bada

guerra / paz

da / ba

los opuestos - dadadada 87

dadaba

0

cero

dada

1

uno

a

2

dos

ba

3

tres

da ba da

4

cuatro

badabada

5

cinco

dadababa

6

seis

dadaba

7

siete

badada

8

ocho

dadababa

9

nueve

dadaba

10

diez

dadadada

11

once

badada

12
doce

baba

13
trece

bababa

14
catorce

baba

15
quince

babadada

16
dieciséis

dadababa

17
diecisiete

babababa

18
dieciocho

dadababa

19
diecinueve

bababa

20
veinte

dadababa

100
cien

baba

1.000
mil

baba

1.000.000
el millón

dadababa

el inglés

baba

el inglés americano

babadada

el chino mandarín

dadababa

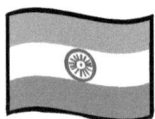

el hindi

ba

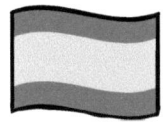

el español

badada

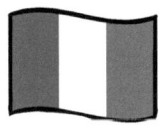

el francés

ohlala

el árabe

babadada

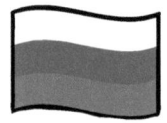

el ruso

dadaba

el portugués

dada

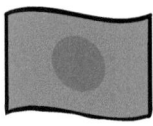

el bengalí

dadadada

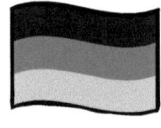

el alemán

badada

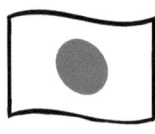

el japonés

dadadada

yo

a

vos

dadadada

él / ella

da / da / da

nosotros

o ba ma

ustedes

babababa

ellos

baba

¿quién?

dadadada

¿qué?

dadadada

¿cómo?

baba

¿dónde?

babababa

¿cuándo?

babadada

el nombre

dadaba

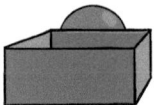

detrás

baba

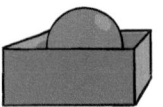

en

dadaba

adelante de

baba

por encima de

ba

sobre

baba

debajo de

dadababa

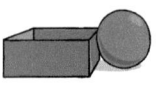

al lado de

babababa

entre

ba

el lugar

dada